# Estratégias simples para impulsionar a presença online [e que toda empresa devia aplicar]

APRESENTAÇÃO

AVALIAÇÕES

CAPÍTULO 10: PLANO DE AÇÃO E MEDIDAS DE SUCESSO: DEFININDO METAS CLARAS E MENSURÁVEIS E COMO AVALIAR O SUCESSO DAS SUAS ESTRATÉGIAS ONLINE.

CAPÍTULO 11: CONCLUSÃO E MAPA PARA APLICAR AS ESTRATÉGIAS APRENDIDAS NOS PRÓXIMOS 90 DIAS, COMEÇANDO POR HOJE: UM PASSO A PASSO DIA A DIA PARA O EMPREENDEDOR APLICAR AS ESTRATÉGIAS SIMPLES

REGINALDO OSNILDO

# APRESENTAÇÃO

Bem-vindo ao livro **"Estratégias simples para impulsionar a presença online [e que toda empresa devia aplicar]"**! Se você é dono ou gestor de uma pequena ou média empresa (PME), este livro foi feito pensando em você e nos desafios de promover seu negócio online.

Sabemos que gerenciar uma empresa já demanda muito do seu tempo, por isso preparamos este guia prático e objetivo, focado em estratégias comprovadas que realmente funcionam e que você pode aplicar sem complicações.

Ao longo dos próximos capítulos, você aprenderá noções essenciais de marketing digital e descobrirá formas simples e acessíveis de aumentar a presença online do seu negócio. Vamos desde identificar seu público-alvo e criar conteúdo atraente nas mídias sociais, até melhorar o posicionamento nos mecanismos de busca, iniciar campanhas de e-mail marketing e muito mais.

A ideia é fornecer uma introdução completa, porém simplificada, ao universo do marketing digital, destacando apenas o que é realmente indispensável para que pequenos negócios, como o seu, consigam se destacar online. Você sairá deste livro pronto para colocar as principais estratégias em prática e começar a colher os frutos de uma presença digital sólida.

E não se preocupe se você partir do zero em termos de conhecimento de marketing digital. Pensamos em todos os detalhes importantes e explicamos cada conceito de forma clara e objetiva, utilizando uma linguagem simples e exemplos práticos.

Confira abaixo um resumo do que encontrará em cada capítulo:

**Capítulo 1 - Introdução ao marketing digital:** entenda o que é marketing digital, sua importância atualmente e porque investir nele é essencial para atrair mais clientes.

**Capítulo 2 - Identificação do público-alvo:** aprenda a definir seu público-alvo para direcionar suas ações e conteúdo online.

**Capítulo 3 - Marketing de conteúdo básico:** veja como produzir conteúdo relevante nas redes sociais para engajar seu público.

**Capítulo 4 - Utilização eficiente das mídias sociais:** conheça as principais redes sociais e como usá-las a seu favor para divulgar sua marca e produtos.

E assim por diante, abordando todas as estratégias fundamentais como SEO, e-mail marketing, publicidade online, gestão de reputação, definição de metas e medição de resultados.

No último capítulo, você encontrará um plano de ação detalhado, com um passo a passo para aplicar tudo o que aprendeu ao longo de 90 dias. É a sua rampa de lançamento para decolar online!

Conforme você avança na leitura, convidamos você a pôr em prática as dicas apresentadas. Queremos que este livro seja um guia vivo, que você possa consultar e seguir à risca para ver resultados concretos no seu negócio.

**Prepare-se para impulsionar sua presença online!**

Esperamos que você encontre muito valor nessas páginas. Boa leitura e muito sucesso! Sigamos juntos para o próximo capítulo.

Atenciosamente,

Prof. Dr. Reginaldo Osnildo

# CAPÍTULO 1: INTRODUÇÃO AO MARKETING DIGITAL: UMA VISÃO GERAL FÁCIL DE ENTENDER SOBRE O QUE É MARKETING DIGITAL E POR QUE É ESSENCIAL PARA OS NEGÓCIOS LOCAIS

Este capítulo tem como objetivo apresentar uma visão geral simples e introdutória sobre o que é marketing digital e por que ele é tão importante para os negócios locais, como o seu.

Vamos começar explicando o que significa essa expressão que é tão utilizada quando falamos de estratégias para promover marcas e produtos na internet: o marketing digital.

Marketing refere-se a todas as ações de promoção de marcas, produtos e serviços. As estratégias de marketing permitem que negócios locais, como a sua PME, possam se conectar com potenciais clientes por intermédio de anúncios e propagandas offline (revistas, jornais, panfletos, rádio, etc.).

E é exatamente por isso que as estratégias de marketing digital se tornaram indispensáveis para quem quer fazer seu negócio crescer nos dias de hoje. Cada vez mais os consumidores estão pesquisando, comparando opções e até efetuando compras 100% online.

De acordo com dados recentes no Brasil:

- 72% dos consumidores pesquisam online antes de comprar em lojas físicas;

- 64% das pessoas confiam mais em avaliações online de outros compradores do que em propagandas tradicionais;

- 52% dos consumidores fazem pesquisas locais no smartphone para encontrar lojas, produtos ou serviços próximos a sua localização.

Então está claro que se sua PME não estiver encontrando esses consumidores durante as pesquisas online, muitas vendas estarão sendo perdidas.

E uma presença sólida nos meios digitais vai muito além de ter um site ou página no Facebook. É necessário implementar estratégias bem planejadas de marketing digital para realmente atrair a atenção desses potenciais clientes e se destacar da concorrência.

## Explicando a importância do marketing digital

Marketing digital refere-se a todas as estratégias e técnicas de marketing aplicadas nos meios digitais, como sites, mídias sociais, motores de busca e outros canais online. O objetivo maior é divulgar sua marca e conectar seu negócio ao público pelo ambiente digital.

Ou seja, enquanto o marketing tradicional foca em anúncios e propagandas offline (revistas, jornais, panfletos, rádio, etc.), o marketing digital concentra seus esforços nos espaços e plataformas online.

E por que isso é tão importante hoje em dia? Simples: porque é na internet que seu público está!

As pessoas passam cada vez mais tempo online, seja procurando produtos e serviços, consumindo conteúdo, interagindo nas redes sociais ou se informando sobre novidades. Ignorar esse comportamento é deixar seu negócio fora do radar de potenciais novos clientes.

Além disso, o marketing digital apresenta muitas vantagens únicas se comparado às abordagens tradicionais, como:

- Menor custo para atingir mais pessoas

- Mensuração de resultados em tempo real

- Segmentação precisa de públicos-alvo

- Maior controle sobre sua comunicação

- Personalização da experiência de usuários

- Automatização de processos

Para uma PME que busca expandir suas vendas e alcançar novos clientes locais, está mais do que provado que marcar presença online por meio de estratégias de marketing digital é absolutamente fundamental nos dias de hoje. Não tem jeito: seu negócio precisa entrar para o ambiente digital!

## Benefícios do marketing digital para pequenos negócios

Talvez você ainda não esteja 100% convencido de que vale a pena investir tempo e recursos em marketing digital. Mas considere estes impactos positivos comprovados:

**Aumento no alcance da sua marca:** pelo ambiente online você consegue expor sua marca e produtos para muito mais pessoas, expandindo possibilidades de negócio.

**Melhor visibilidade local:** habitantes e possíveis clientes da sua região buscam informações de negócios locais online, por isso é crucial marcar presença digitalmente.

**Mais engajamento com seu público:** pode interagir diretamente com clientes e seguidores pelas redes sociais, aproximando sua marca e gerando relacionamentos mais sólidos.

**Vendas 24 horas por dia:** sua loja online ou canais digitais funcionam ininterruptamente, recebendo pedidos e vendendo mesmo quando sua loja física já estiver fechada.

**Modernização da sua marca:** demonstrar que você também utiliza canais online passa uma imagem de modernidade e atualização que atrai novos clientes.

**Economia e otimização:** várias estratégias de marketing digital podem ser implementadas com baixo investimento e ajudam a enxugar custos em outras áreas.

Espero ter convencido você sobre a importância do marketing digital para destacar os pequenos negócios locais nos dias de hoje!

Já nas próximas páginas vamos entrar em mais detalhes, ensinando noções básicas para que você possa dar os primeiros passos com estratégias digitais.

Não se esqueça também de acompanhar nossos próximos

capítulos, onde apresentaremos as melhores táticas e ferramentas para você aplicar facilmente o marketing digital no seu negócio e impulsionar sua presença online.

**Vamos em frente para dominar o ambiente digital?**

No próximo capítulo iremos mergulhar no entendimento do público-alvo, que é a base de qualquer estratégia de marketing, seja ela digital ou tradicional. Mas você pode dar já o próximo passo crucial, que é avaliar a sua presença online atual e suas necessidades mais urgentes.

Até lá!

# CAPÍTULO 2: IDENTIFICAÇÃO DO PÚBLICO-ALVO: COMO ENTENDER QUEM SÃO SEUS CLIENTES E O QUE ELES PROCURAM ONLINE

Agora que você já conhece os princípios básicos por trás do marketing digital, está na hora de colocar a mão na massa e começar a traçar suas estratégias personalizadas. E o elemento mais importante para direcionar suas ações é entender profundamente quem é o seu público-alvo.

Neste capítulo, vou guiá-lo passo a passo por todo o processo de identificar seus clientes ideais e analisar como eles se comportam online. Com essas informações em mãos, você estará pronto para direcionar seus esforços de marketing digital especificamente para atrair mais desse público e fazer seu negócio decolar!

Vamos lá?

## O que é público-alvo?

Antes de mais nada, precisamos entender bem o conceito de público-alvo (ou persona, como também é chamado). O público-alvo representa um grupo específico de pessoas que tem maior probabilidade de se interessar pelo seu produto ou serviço.

Portanto, é um erro querer vender para "todos os tipos" de pessoa. Isso torna suas iniciativas de marketing genéricas demais. O ideal é direcionar sua comunicação e esforços para impactar um grupo bem definido com características e interesses em comum.

Mas como definir e entender melhor esse público? Existem técnicas bem estabelecidas para isso, que vamos abordar nas próximas seções.

## Criando buyer personas

Uma buyer persona (ou persona do comprador) é um perfil semifictício que representa seus clientes ideais. Para criá-las, você precisa primeiro reunir o máximo de informações possíveis sobre seus clientes reais, como:

- Dados demográficos (idade, sexo, estado civil, renda familiar, nível educacional, tipo de moradia, etc)

- Localização geográfica (país, estado, cidade)

- Comportamentos e hábitos (o que gostam de fazer no tempo livre?)

- Dores e necessidades (quais problemas desejam resolver ao comprar seu produto?)

- Objeções ou impedimentos para compra

A ideia é traçar perfis sociodemográficos bem detalhados e entender profundamente os interesses, valores e motivações por trás das decisões de compra dessas personas.

Algumas personas podem acabar sendo muito parecidas. Outras podem representar públicos-alvo totalmente distintos. O ideal é criar entre 2 e 4 personas para seu negócio.

Você pode definir nomes fictícios, idades, fotos representativas e até pequenas descrições em primeira pessoa para personificar cada perfil. Isso ajuda sua equipe a ter sempre em mente essas personas como seus clientes ideais.

## Analisando seu comportamento digital

Agora vamos entender como seu público-alvo se comporta online. Por onde eles navegam na internet? Quais termos de busca usam? Que conteúdos consomem?

Você pode descobrir essas respostas analisando:

- De onde vem seu tráfego do site

- Quais termos pessoas usam para chegar no seu site

- O que seu público comenta e compartilha nas redes sociais

- Quais são os sites e blogs que eles frequentam

- Páginas de concorrentes que atraem seu público-alvo

Teste você mesmo fazendo buscas no Google e nas redes sociais usando palavras-chaves que seu público usaria. Veja quais são os principais sites exibidos e os formatos de conteúdo mais utilizados (vídeos, textos, etc.).

Ferramentas analíticas como Google Analytics também fornecem informações valiosas sobre geolocalização, idade, sexo e os caminhos que seus visitantes fazem pelo seu site.

Todas essas dicas ajudarão você a mapear os principais pontos de contato online com seu público-alvo. Assim, ficará mais fácil atraí-los com conteúdo relevante.

## Afunilando seu foco

À medida que você vai conhecendo seus clientes ideais, determinados perfis tendem a se destacar por já comprarem mais de você hoje ou por terem grande potencial futuro.

Por exemplo, se você tem uma loja pet, pode perceber que 73% de suas vendas vêm de mulheres, na faixa de 30 a 50 anos, casadas e com filhos. Ou seja, este pode ser seu buyer persona principal neste momento.

Não tenha medo de focar boa parte de seus esforços de marketing nesse público mais rentável. Eles já demonstraram interesse e são sua prioridade para expandir vendas rapidamente.

Mantenha seus buyer personas sempre atualizados! Novos consumidores com diferentes perfis podem surgir e você precisa estar preparado para ajustar suas estratégias adequadamente.

Espero que agora você tenha uma boa compreensão de seu público-alvo e como ele se comporta nos meios digitais. Essas informações darão rumo certo para todas as nossas próximas iniciativas de marketing digital.

No capítulo seguinte, ensinarei conceitos simples de marketing de conteúdo para criar publicações e materiais que realmente atraiam seus públicos-alvo, engajem e convertam visitantes em clientes!

Até lá!

# CAPÍTULO 3: MARKETING DE CONTEÚDO BÁSICO: DICAS PARA CRIAR CONTEÚDO RELEVANTE QUE ATRAI E ENGAJA SEU PÚBLICO

Agora que já conhecemos bem nosso público-alvo e onde encontrá-lo online, está na hora de começarmos a atraí-lo!

E a maneira mais eficaz de chamar a atenção e gerar interesse de qualquer pessoa hoje em dia é por meio de conteúdo relevante e engajador.

Por isso, neste capítulo vou apresentar tudo o que você precisa saber sobre marketing de conteúdo para começar a produzir materiais incríveis para seu público.

Vamos lá?

## O que é marketing de conteúdo?

Marketing de conteúdo refere-se a qualquer tipo de mídia digital (texto, vídeo, áudio, infográficos, e-books, etc.) que uma marca cria e distribui online com o objetivo não apenas de vender, mas de educar, informar e engajar seu público-alvo.

Ou seja, é um tipo de abordagem focada em atrair as pessoas certas entregando conteúdos extremamente úteis, relevantes e interessantes para elas.

Em vez de ficar o tempo todo divulgando seus produtos ou fazendo propagandas agressivas, a ideia é primeiramente conquistar a confiança e simpatia do público, estabelecendo sua empresa como uma fonte confiável de informações naquele nicho.

Mas por que essa estratégia funciona tão bem?

## Benefícios do marketing de conteúdo

Alguns dos principais benefícios do marketing de conteúdo são:

- Atrair mais visitantes qualificados para o seu site

- Diminuir a necessidade de investir em anúncios pagos

- Aumentar as taxas de conversão em vendas

- Melhorar a percepção da sua marca e produtos

- Posicionar sua empresa como autoridade no segmento

- Superar a concorrência ao oferecer mais valor ao consumidor

Ou seja, apostar em conteúdo de qualidade é uma estratégia comprovadamente eficiente e com ótimo retorno sobre investimento para conquistar novos clientes.

Agora que você já sabe da importância de produzir conteúdo, vamos às dicas para criar materiais incríveis.

**Escolhendo os formatos de conteúdo**

Existe uma infinidade de formatos que você pode usar para produzir conteúdo, como:

- Artigos de blog

- Vídeos

- Podcasts

- E-books

- Infográficos

- Listas e guias

- Estudos de caso

- Pesquisas

- Webinars

Analise os formatos que seu público-alvo mais consume e comece por aí. Uma boa dica também é variar entre formatos, trazendo novos conteúdos em vídeo, áudio e textos.

Isso mantém seu público interessado!

**Definindo temas e títulos que atraem**

Agora que você já sabe quais formatos quer trabalhar, é hora de determinar sobre o que vai falar nesse conteúdo.

Lembre-se sempre dos interesses, necessidades e dores do seu público-alvo. Que tipo de conteúdo realmente entregaria valor para eles?

Algumas ideias são:

- Soluções para problemas comuns

- Dicas de economia e redução de custos

- Como fazer ou usar seu produto

- Erros a serem evitados

- Tendências e novidades no setor

- Pesquisas e estatísticas curiosas

- Estudos de caso de sucesso

- Listas com top 5, 10 ou 15 algo

- Guias passo a passo

Para os títulos, use frases envolventes com a estrutura "Como fazer X", "O guia definitivo de X", "Os melhores X".

## Divulgação ampla

Por fim, não adianta criar conteúdo incrível se ninguém tiver acesso a ele. Você precisa amplificar a distribuição, usando todos os canais possíveis:

- Seu site e blog

- Redes sociais

- E-mail marketing

- Aplicativos de mensagens

- Mídia paga para impulsionar postagens

- Parcerias com outros sites e influenciadores

Quanto maior for o alcance da sua mensagem, mais sucesso ela fará e mais público você atrairá.

Bom, espero que agora você esteja inspirado com muitas ideias e pronto para começar a produzir conteúdo sensacional para seu público!

No próximo capítulo, ensinarei estratégias poderosas para alavancar cada vez mais sua presença nas mídias sociais. Não perca!

Até lá!

# CAPÍTULO 4: UTILIZAÇÃO EFICIENTE DAS MÍDIAS SOCIAIS: ESTRATÉGIAS SIMPLES PARA USAR PLATAFORMAS COMO FACEBOOK E INSTAGRAM PARA PROMOVER SEU NEGÓCIO

Neste ponto, você já sabe o básico sobre marketing digital e marketing de conteúdo. Agora é hora de mergulharmos em uma das áreas mais importantes e com maior potencial de alcance para pequenos negócios: as mídias sociais!

Neste capítulo, vou ensinar tudo o que você precisa fazer para utilizar de forma eficiente e econômica as principais plataformas sociais - especialmente Facebook e Instagram - a fim de divulgar sua marca e impulsionar suas vendas.

Vamos nessa?

## A importância das redes sociais hoje

Não é novidade para ninguém que plataformas como Facebook, Instagram e YouTube dominam completamente a atenção das pessoas na internet hoje em dia. São apps que temos o hábito de checar dezenas de vezes por dia, tanto no celular quanto no computador.

E para as marcas locais, estar onde seu público passa tanto tempo é uma oportunidade única para ganhar visibilidade, interagir com potenciais clientes e gerar reconhecimento à sua marca com custos mínimos.

Mas apenas criar um perfil nas redes sociais não é suficiente. Você precisa saber como utilizá-las a seu favor para realmente atrair seguidores engajados e gerar vendas.

Nas próximas seções, vamos focar em tudo o que precisa ser feito no Facebook e Instagram, que são hoje duas das principais vitrines sociais para negócios locais se destacarem.

## Otimizando seu perfil e página do Facebook

Primeiro, se você ainda não tiver uma página oficial para sua empresa no Facebook, corra para criar! Além da página profissional, também é indicado manter seu perfil pessoal ativo na plataforma, interagindo com grupos locais e divulgando seu negócio.

Depois, invista tempo para otimizar completamente sua página comercial:

- Escolha uma foto de capa padronizada para sua marca

- Coloque fotos e vídeos chamativas sobre seus produtos/ serviços

- Preencha todas as informações de descrição, endereço, site, etc.

- Defina claramente os botões de ação "Entre em contato" e "Comprar"

- Crie e gerencie ativamente o feed de publicações

Lembre-se também de interagir com os visitantes da página, respondendo todas as mensagens e comentários. Isso passa uma imagem de proximidade com o público.

**Atraindo seguidores qualificados**

Agora é o momento de começar a ganhar alcance e seguidores. Algumas das melhores estratégias são:

- Investir em anúncios pagos direcionados ao seu público-alvo

- Fazer publicações periódicas com conteúdo relevante

- Utilizar hashtags locais e temáticas para aumentar o alcance

- Promover sorteios e brindes para ganhar curtidas e seguidores

- Patrocinar posts com perfis influentes da sua região

- Criar eventos e convidar membros de grupos locais

O objetivo é trazer para sua página o maior número possível de pessoas realmente interessadas no tipo de conteúdo e produto que você oferece.

## Alavancando vendas no Instagram

Já o Instagram tem um potencial imenso para realmente vender sua marca e produtos de forma visual e criativa. É a rede ideal para negócios que trabalham com moda, gastronomia, viagens, design de interiores ou venda de qualquer item fotogênico.

A estratégia ideal passa por três pilares:

- Feed clean e padronizado:

> Tenha uma linha visual única em suas fotos, usando os mesmos filtros, composições parecidas e cores da sua marca.

- Destaques com produtos/serviços:

> Nos Stories e destaques, apresente seus itens à venda de forma atraente, mostrando os produtos em uso.

- Link direto para compra:

> Deixe um link direto para seu site ou WhatsApp de vendas na bio do perfil, convidando as pessoas a comprarem depois que se interessarem pelas suas publicações.

Essas são apenas algumas ideias básicas de como tirar o máximo proveito das principais redes sociais para divulgar uma marca local.

Há muito mais estratégias e funcionalidades que podemos explorar nessas plataformas poderosas. Mas já dá para começar a trabalhar.

No próximo capítulo, falarei sobre um conceito fundamental para melhorar o alcance orgânico do seu site e negócio online: o SEO.

Até lá!

# CAPÍTULO 5: SEO BÁSICO PARA INICIANTES: NOÇÕES BÁSICAS DE SEO PARA MELHORAR A VISIBILIDADE DO SEU SITE NOS MOTORES DE BUSCA

Agora que vimos o poder das redes sociais, é hora de focarmos em outra importante frente para melhorar a visibilidade online da sua empresa: o SEO, ou Search Engine Optimization.

Em poucas palavras, SEO significa otimização para motores de busca e envolve um conjunto de técnicas para melhorar o posicionamento do seu site nos resultados do Google e outros buscadores.

Por isso, dominar conceitos básicos de SEO é fundamental para atrair mais visitantes qualificados e clientes por meio de buscas orgânicas, sem precisar investir nada em anúncios.

Neste capítulo, apresentarei noções introdutórias, porém essenciais, de SEO que você precisa começar a aplicar já para tornar seu site mais visível e autoridade na internet.

Vamos começar essa jornada?

**Entendendo o SEO**

Como falamos, SEO significa Search Engine Optimization, ou Otimização para Motores de Busca em português. O objetivo do SEO é melhorar diferentes aspectos de um site para que ele apareça o mais alto possível nos resultados orgânicos (não pagos) nos buscadores.

Ou seja, quando alguém digita uma palavra-chave relacionada ao seu nicho no Google, você quer que seu site apareça logo nos primeiros resultados, ainda na primeira página.

Isso porque estar entre os primeiros resultados orgânicos traz algumas vantagens claras:

- Muito mais pessoas clicam e visitam seu site

- Transmite autoridade e relevância da sua marca

- Reduz a necessidade de anúncios pagos

- Atrai visitantes mais qualificados e com intenção de compra

- Melhora a visibilidade local do seu negócio offline

Portanto, se você deseja verdadeiramente aumentar sua presença online e atrair novos visitantes e vendas, não dá para ignorar o SEO. Vamos ver algumas dicas simples, porém poderosas para melhorar seus resultados.

## Dicas de SEO para iniciantes

Comece aplicando estas 5 técnicas básicas de SEO desde já:

### Pesquise as melhores palavras-chave

Determine exatamente por quais termos e frases as pessoas buscam pelos produtos/serviços que você oferece e foque nessas palavras, incorporando-as em seu conteúdo.

### Otimize as páginas e textos do site

Inclua as palavras-chave pesquisadas de forma orgânica no título, URL e texto de cada página do seu site. Isso mostrará para o Google sobre o que se trata aquela página.

### Melhore a experiência mobile

Grande parte das buscas hoje vêm de smartphones. Portanto, seu site precisa ser rápido, leve e fácil de navegar nesses dispositivos.

### Aumente a autoridade com links externos

Consiga backlinks de outros sites relacionados ao conteúdo do seu site. Isso ajuda o Google a entender que você é uma autoridade naquele assunto específico.

### Analise os dados do Google Analytics

Veja quais são as palavras-chave que já trazem visitantes para as suas páginas e os comportamentos de navegação no site. Depois, foque em otimizar ainda mais essas áreas.

Isso é o básico. À medida que você for dominando o SEO, poderá partir para técnicas mais avançadas.

## Ferramentas de SEO gratuitas

Para colocar em prática o SEO de modo simplificado, algumas ferramentas que recomendo são:

- Google Keyword Planner: para pesquisar novas palavras-chave

- Google Analytics: para analisar dados do seu site

- Google PageSpeed Insights: mostra a experiência mobile do site

- MozBar ou SEMRush: avalia tecnicamente uma página

- Yoast SEO: plugin de SEO para WordPress

Então é isso! Comece aplicando essas dicas iniciais de otimização nos textos e páginas do seu site para subir nos rankings e atrair mais tráfego e vendas pela busca orgânica.

No próximo capítulo, ensinarei sobre uma importante estratégia de nutrição de leads e automação de vendas: o email marketing!

Até lá!

# CAPÍTULO 6: E-MAIL MARKETING PARA PEQUENOS NEGÓCIOS: COMO INICIAR CAMPANHAS DE E-MAIL MARKETING EFICAZES E DE FÁCIL GERENCIAMENTO

Nas últimas lições, você viu diferentes maneiras de alcançar mais pessoas online e gerar autoridade para o seu negócio por meio de conteúdo, SEO e redes sociais.

Agora é hora de aprender uma poderosa estratégia de nutrição de leads e vendas contínuas, fundamental para todo pequeno negócio: o email marketing!

Neste capítulo, vou mostrar como criar e gerenciar campanhas de e-mail eficazes de modo simples para vender seus produtos 24 horas por dia, 7 dias por semana.

Vamos nessa?

## O que é e-mail marketing?

E-mail marketing consiste no envio automatizado ou agendado de comunicações comerciais relevantes para uma base específica de contatos interessados em seu negócio.

Ou seja, depois de coletar e-mails de leads e clientes, você pode continuar nutrindo esse relacionamento por meio do envio periódico de:

- Promoções

- Novos produtos

- Dicas de conteúdo

- Eventos

- Webinars e muito mais

Além de gerar vendas contínuas, essa abordagem ajuda a criar lealdade com sua marca e reduzir custos de marketing. Afinal, divulgar por email é muito mais barato e prático do que por correio tradicional ou anúncios.

## Ferramentas de email marketing

Para iniciar suas campanhas, você precisa primeiramente escolher uma boa ferramenta de email marketing. Algumas opções populares e fáceis de usar são:

- MailChimp

- SendinBlue

- ActiveCampaign

Essas plataformas possuem modelos profissionais de email já prontos que você pode personalizar com seu conteúdo e identidade visual. Além disso, contam com recursos como analytics, automações de fluxo e integrações com CRMs.

Você não precisa se limitar ao exemplos que eu trouxe, a maioria possui um plano gratuito ou bem acessível para pequenos negócios, o que as torna muito atraentes para empreendedores que desejam começar com email marketing sem altos investimentos.

**Construindo sua lista de contatos**

Agora chegou o momento de coletar esses preciosos e-mails de clientes e leads! Algumas formas simples de conseguir contatos interessados são:

- Oferecer cupom de desconto em troca do email

- Criar iscas digitais em seu site com conteúdo gratuito (e-book, vídeo aula, checklist...) em troca do contato

- Anunciar nas redes sociais e Stories convidando as pessoas para sua lista

- Criar versões específicas de páginas de destino com formulários para capturar leads

Sempre respeite integralmente a LGPD e tenha total transparência sobre o que você fará com os dados que coleta, dando a opção de as pessoas cancelarem a qualquer momento. Isso é fundamental!

Lembre-se também de segmentar sua lista, separando clientes

atuais de potenciais novos clientes. Assim, você pode personalizar melhor suas comunicações.

**Criando campanhas eficazes**

Por fim, na hora de criar suas campanhas, aposte em e-mails:

- Curto e diretos, indo sempre ao ponto (máx 200 palavras)

- Com design responsivo (leitura fácil no celular)

- Com chamadas de ação claras (Compre agora / Saiba mais)

- Com imagens e pouco texto

- Com dados pessoais e segmentação por interesse

- Com indicadores de performance monitorados

Além disso, teste diferentes dias e horários de envio para descobrir o que funciona melhor para sua audiência na abertura e cliques.

Bom, espero que agora você esteja confiante para dar o pontapé inicial no email marketing para seu negócio. É uma estratégia com excelente custo-benefício que não pode faltar na sua presença digital.

No próximo capítulo, vamos aprender sobre estratégias de baixo custo para alavancar sua presença online por meio de anúncios.

Até lá!

# CAPÍTULO 7: ANÁLISE DE DADOS SIMPLES: ENTENDENDO E UTILIZANDO DADOS BÁSICOS PARA MELHORAR SUA PRESENÇA ONLINE

Até agora vimos várias estratégias de marketing digital para aumentar o alcance e vendas do seu negócio. Mas como saber se todas essas táticas estão funcionando de fato ou não?

A resposta está na análise de dados!

Neste capítulo, vou mostrar de forma simples e prática como interpretar e usar métricas e insights essenciais para entender o que está dando certo ou errado em sua presença online. Com essas informações em mãos, fica muito mais fácil tomar decisões assertivas.

Vamos entender mais sobre análise de dados?

**A importância de ser data-driven**

Em poucas palavras, ser data-driven significa tomar suas decisões de negócio baseado em dados e fatos, não apenas em achismos e palpites.

Isso é especialmente importante no universo online, onde existem infinitas possibilidades de coisas para experimentar e otimizar para melhorar resultados.

Alguns benefícios de adotar uma mentalidade guiada por dados são:

- Reduzir riscos nas escolhas de marketing

- Identificar os caminhos que realmente levam a conversões

- Eliminar iniciativas que não entregam resultado

- Entender melhor seu público e mercado

- Embasar tudo o que você faz com insights sólidos

Por isso, não pode faltar uma rotina de acompanhar métricas-chave, estabelecer metas e tomar decisões apoiadas nos números que elas fornecem.

**Ferramentas essenciais de análise**

Para começar a extrair essas informações valiosas, algumas ferramentas que você precisa conectar ao seu site e canais online são:

### Google Analytics

A mais popular solução de análise web do mundo. Oferece dados completos sobre o comportamento de visitantes no seu site.

### Facebook Analytics

Métricas de engajamento e alcance das suas publicações e anúncios na rede social.

### Google Search Console

Insights sobre consultas orgânicas que trazem pessoas para seu site e conteúdo.

### Ferramentas de email marketing

Dados de abertura, cliques e conversões nas suas campanhas.

Dashboards como o Google Data Studio também ajudam a consolidar dados de múltiplas fontes em painéis visuais fáceis de acompanhar.

### Métricas e KPIs essenciais

Analisar todos os números possíveis vai apenas sobrecarregar você. Por isso, foque nas métricas realmente decisivas. Alguns KPIs indispensáveis são:

- Sessões e usuários no site

- Visualizações de página

- Taxa de rejeição e tempo no site

- Fontes de tráfego (orgânico, social, direto...)

- Taxa de conversão em vendas

- Número de leads capturados

- Alcance nas redes sociais

- Engajamento (curtidas, compartilhamentos, menções...)

- Retorno sobre investimento

Extraia esses indicadores cruciais para todas as suas iniciativas digitais e você terá uma visão 360 muito sólida dos seus esforços.

**Perguntas que dados respondem**

Além de olhar para os números isoladamente, saiba fazê-los perguntas poderosas, como:

- Qual fonte gera mais vendas para meu negócio?

- Que termos de busca atraem mais visitantes qualificados?

- Qual rede social tem melhor engajamento com meu público?

- Quais posts / produtos performam melhor organicamente?

- Qual o ROI dos meus anúncios online?

Esse questionamento contínuo vai ajudá-lo a tomar as melhores decisões com base no que realmente funciona.

Bom, espero que agora você perceba o quão vital é analisar dados simples regularmente para entender sua presença online e melhorar cada vez mais suas iniciativas.

No próximo capítulo, falarei sobre como impulsionar tudo isso com publicidade digital acessível mesmo com orçamento pequeno.

Até lá!

# CAPÍTULO 8: PUBLICIDADE ONLINE ACESSÍVEL: INTRODUÇÃO À PUBLICIDADE DIGITAL E COMO COMEÇAR COM UM ORÇAMENTO LIMITADO

Após entender profundamente seu público-alvo e trabalhar sua presença orgânica online, chega o momento de acelerar tudo isso com um impulsionamento extra de publicidade.

Neste capítulo, apresentarei uma introdução ao mundo da publicidade digital, evidenciando opções acessíveis para pequenos negócios que desejam amplificar seu alcance e tráfego rapidamente, mesmo com pouco orçamento disponível.

Vamos começar?

## O que é publicidade digital?

Publicidade digital ou online advertising refere-se a todos os formatos pagos de anúncios veiculados na internet com a finalidade de promover marcas, produtos, serviços e atrair mais vendas ou leads.

Alguns exemplos populares são os links e banners patrocinados do Google, anúncios no Facebook e Instagram, pop-ups em sites segmentados, publicidade nativa em blogs, etc.

Esse é um mercado já consolidado, que movimenta dezenas de bilhões em investimentos por ano só no Brasil. E não é à toa: para pequenos negócios locais com orçamento limitado, começar com publicidade digital é mais simples e barato do que por canais tradicionais, permitindo ótimos retornos.

Além disso, existe hoje uma infinidade de plataformas e formatos publicitários digitais para você testar e escalar aos poucos, encontrando exatamente o que funciona para seu negócio.

Na próxima seção, abordarei alguns deles, ideais para pequenos anunciantes.

## Opções de publicidade online em conta

Confira diferentes canais acessíveis para você iniciar já sua jornada com anúncios digitais:

### Google Ads

Sistema de links patrocinados do Google. Focalize em palavras muito específicas ao seu negócio para atrair somente leads hiper qualificados.

## Facebook e Instagram Ads

Anuncie para usuários com seu mesmo perfil e interesses nas redes sociais. Use recursos como públicos semelhantes.

## Publicidade nativa

Formatos de anúncio com aparência editorial nativa em sites segmentados. Use imagens e chamadas relevantes.

## Influenciadores locais

Pague por posts de divulgação em perfis de influência na sua região. Focado e com credibilidade.

## Parcerias com blogs

Patrocine posts ou faça permutas com sites do seu segmento: divulgação por divulgação.

Ferramentas como Google Trends e Keyword Planner ajudam a descobrir termos mais buscados e com menos disputa, aumentando o alcance da sua grana investida em tráfego.

Já plataformas como a RD Station são ideais para automatizar, gerenciar e escalar suas campanhas, mesmo sem conhecimento técnico prévio.

## Estratégias para anúncios baratos e efetivos

Eis algumas dicas de ouro para investir em publicidade digital de maneira inteligente e econômica:

- Comece com orçamento e tempo limitados (ex: R$300/mês por 2 meses)

- Anuncie somente para públicos mais específicos e engajados

- Use recursos de geolocalização para pessoas da sua região

- Lance valores baixos por clique para ganhar share de voz

- Teste muito conteúdo, copy e imagens diferentes

- Monitore em tempo real os resultados e ROAS

- Pause imediatamente anúncios não performáticos

- Escale o budget daqueles realmente eficientes

Esse processo de tentativa e erro irá te ensinar muito rapidamente o que realmente dá retorno e como maximizar cada centavo investido para alcançar outros clientes online.

E lembre-se: mesmo com orçamentos pequenos, mas muito bem aplicados, os resultados em vendas e autoridade da sua marca podem ser tremendos.

No próximo capítulo, veremos boas práticas para lidar bem com a sua reputação online.

Até lá!

# CAPÍTULO 9: RESPOSTA A AVALIAÇÕES E GESTÃO DE REPUTAÇÃO ONLINE: COMO GERENCIAR A REPUTAÇÃO DO SEU NEGÓCIO ONLINE E RESPONDER A COMENTÁRIOS E AVALIAÇÕES

Até aqui você viu várias formas de aumentar sua presença digital, atrair mais clientes e melhorar suas vendas. Tudo ótimo!

Mas igualmente importante é cuidar bem da sua reputação e imagem online. Afinal, comentários negativos ou avaliações ruins podem rapidamente neutralizar outros esforços de marketing.

Por isso neste capítulo vamos abordar boas práticas de gestão de reputação online e como lidar com feedbacks, respondendo adequadamente a comentários e avaliações para cultivar uma percepção positiva do seu negócio.

Vamos lá?

## A importância da reputação online

Não é novidade que centenas de consumidores pesquisam sobre uma empresa online antes de comprar seus produtos ou serviços. E é justamente por meio de reviews, classificações e menções que eles constroem uma impressão a respeito da sua marca.

## Ferramentas para gerenciar sua reputação

Existem algumas soluções online que ajudam você a rastrear tudo que é dito a respeito da sua marca na internet, como:

- **Google Alertas:** receba atualizações por e-mail quando seu negócio for mencionado em novos conteúdos.

- **Google Meu Negócio:** monitore e responda avaliações deixadas por clientes nas pesquisas locais do Google.

- **Facebook Places:** mesmo caso acima dentro do Facebook.

- **Sites de reputação:** acompanhe sua nota agregada em sites populares de avaliação como ReclameAQUI, Consumidor.gov.br, etc.

Deixe alertas configurados para ser avisado rapidamente quando for marcado em posts nas redes sociais ou quando receber avaliações muito negativas. Quanto mais rápido você responder, melhor!

## Boas práticas ao responder avaliações

Lembre-se destes pontos de ouro ao se comunicar com clientes online:

- Responda todas as menções públicas o mais rápido possível.

- Tenha humildade, educação e não entre na defensiva.

- Peça desculpas pela falha ou frustração gerada.

- Demonstre interesse genuíno em resolver o problema mencionado.

- Ofereça opções de contato direto (por telefone, e-mail ou chat privado) para dar suporte.

- Agradeça o tempo e feedback deixado.

- Deixe suas respostas publicamente visíveis para construir autoridade.

Essas atitudes vão muito além do que apenas apagar incêndios. Elas fortalecem os laços com seus clientes, transformam reclamantes em fãs advogados da sua empresa e transmitem profissionalismo e preocupação para qualquer novo visitante que ler os comentários.

## Prevenção também é o melhor remédio

Claro que apenas reagir a avaliações negativas não é o ideal. Lembre-se também que é mais barato e eficiente prevenir que remediar uma reputação ruim.

Algumas estratégias preventivas eficazes são:

- Encante seus clientes, gerando experiências maravilhosas que eles queiram compartilhar.

- Tenha canais rápidos de comunicação pós-venda.

- Se antecipe às reclamações respondendo direto as dúvidas das pessoas.

- Peça proativamente avaliações 5 estrelas aos bons clientes.

- Construa um recurso seguro onde os clientes possam dar feedbacks privados antes de torná-los públicos.

Quanto mais cuidado e carinho dedicar ao seu público, menos problemas de reputação sua empresa enfrentará.

Espero que estas dicas ajudem você a cultivar ótimas avaliações e respostas online que fortaleçam a credibilidade tão importante para destacar seu negócio local na internet.

No próximo capítulo, veremos sobre como traçar objetivos claros e medir os resultados das suas iniciativas online

Até lá!

# CAPÍTULO 10: PLANO DE AÇÃO E MEDIDAS DE SUCESSO: DEFININDO METAS CLARAS E MENSURÁVEIS E COMO AVALIAR O SUCESSO DAS SUAS ESTRATÉGIAS ONLINE.

Neste ponto, você já aprendeu as principais estratégias para aumentar sua presença e vendas online.

Agora é hora de garantir que você colocará em prática tudo isso da forma mais estruturada possível para verdadeiramente impulsionar os negócios.

Neste capítulo, tratarei sobre como traçar um plano sólido de ação com objetivos claros, além de definir as métricas de sucesso que farão você acompanhar os resultados das iniciativas digitais.

Vamos à lição final?

## A importância de um Plano de Ação

Antes de sair executando taticamente as estratégias ensinadas neste livro, é essencial sentar e construir um plano de ação bem definido que estabeleça o que precisa ser feito, por quem, em que prazo e com que objetivo.

Esse planejamento é importante por alguns motivos:

- Evita se perder entre centenas de possibilidades

- Fornece foco em atividades realmente essenciais

- Permite medir melhoria e corrigir rumos

- Envolve e alinha todos da sua equipe

- Maximiza os resultados de cada iniciativa

Dedique algumas horas para esboçar todos os componentes deste plano. Caso seja muito difícil no começo, pegue modelo de plano de marketing digital pronto e personalize com seus dados. O trabalho pesado de arquitetura já estará pronto.

## Estabelecendo objetivos SMART

Um dos primeiros passos aqui é definir objetivos específicos, mensuráveis e realistas de acordo com seus KPIs e situação atual. Use o conceito SMART para isso:

S - Específicos
M - Mensuráveis
A - Alcançáveis
R - Relevantes
T - Temporais

Exemplos aplicando a fórmula:

- Aumentar vendas em 20% nos próximos 3 meses

- Conseguir 10 novos leads semanais em 6 semanas

- Receber 30 avaliações 5 estrelas no próximo trimestre

Tendo essas metas bem claras sobre o que precisa mudar, fica mais tangível traçar ações e - acompanhar essa evolução por números ao longo do tempo definido.

## KPIs: seus indicadores vitais

Já falamos bastante da importância de definir métricas-chave que serão seu guia para saber se suas ações estão dando resultados ou não. Alguns dos principais KPIs que você deve considerar em seu planejamento:

- Vendas online / faturamento mensal

- Número de novos clientes conquistados

- Leads ou contatos qualificados coletados

- Tráfego direto e orgânico para seu site

- Alcance, engajamento e seguidores nas redes sociais

- Taxa de conversão de visitantes em vendas

- Custo por aquisição de clientes

Ferramentas como Google Analytics, sua ferramenta de e-mail marketing e dashboards sociais lhe darão esses números. Compare com seus objetivos e metas.

## Agendando a execução

Fechadas as ideias, métricas e objetivos, chegou a hora da execução propriamente dita do seu plano de marketing digital.

Mapeie tudo em um cronograma:

- Próximos 3 meses (90 dias)

- Dividido em semanas

- Com cada iniciativa determinada (ex: post sobre X tema, configurar pixel do Facebook, etc)

- Definindo responsável e status

Isso vai nortear seu time e seus próprios esforços para implementar de forma organizada e com foco todas as frentes do plano.

Revise este cronograma semanalmente para avaliar seu andamento. Caso necessário, repactue prazos ou reorganize atividades baseado no aprendizado.

Trabalhe sempre com ciclos de 90 dias nesse planejamento. Ao final desses ciclos, reavalie profundamente seus KPIs, objetivos e plano de ação.

## Chegamos ao fim!

Espero que agora você se sinta muito mais confiante para colocar em prática as estratégias de marketing digital ensinadas ao longo deste livro e, o mais importante, fazer isso da maneira mais estruturada possível para obter sucesso com seus objetivos finais de presença e vendas online.

Leve este conteúdo a diante, aplique-o no seu contexto específico e vamos juntos dominar o ambiente digital!

# CAPÍTULO 11: CONCLUSÃO E MAPA PARA APLICAR AS ESTRATÉGIAS APRENDIDAS NOS PRÓXIMOS 90 DIAS, COMEÇANDO POR HOJE: UM PASSO A PASSO DIA A DIA PARA O EMPREENDEDOR APLICAR AS ESTRATÉGIAS SIMPLES

Chegamos ao último capítulo de nossa jornada para impulsionar sua presença digital!

Ao longo das lições anteriores, aprendemos dezenas de estratégias, técnicas e insights sobre marketing digital com o objetivo de trazer mais clientes e vendas para o seu negócio.

Mas como colocar tudo isso em prática de fato nos próximos meses de maneira consistente, estruturada e que traga resultados?

Neste capítulo final, criei um passo a passo com ações diárias para os próximos 90 dias a fim de aplicar na prática **TODOS** os ensinamentos apresentados até aqui em seu contexto específico.

Trata-se de um guia completo e motivacional para você ir conquistando pequenas vitórias dia após dia que vão se somando até a tão sonhada transformação digital de seu negócio se tornar realidade!

Já preparado para colocar a mão na massa? Então bora com tudo!

## SEMANA 1 - PRIMEIROS PASSOS

### SEGUNDA FEIRA

Objetivo: Definir seus KPIs de sucesso

Faça um brainstorming inicial e um mapa mental com todos os possíveis indicadores que podem medir o sucesso online do seu negócio nos próximos meses. Analise cada um e escolha de 5 a 7 KPIs essenciais que serão o seu "termômetro" digital para monitorar se as coisas estão no caminho certo.

Algumas sugestões: tráfego orgânico do site, número de seguidores nas redes sociais, vendas online geradas, número de novos contatos coletados, etc.

### TERÇA FEIRA

Objetivo: Estabelecer suas metas

Na sequência, quantifique onde você quer chegar em

determinado período de tempo para cada um desses KPIs que você escolheu ontem. Lembre-se do conceito SMART: metas específicas, mensuráveis, alcançáveis, relevantes e com limite de tempo bem definido.

Exemplos: aumentar tráfego do site em 30% nos próximos 90 dias, conquistar 500 novos leads em 2 meses, etc. Isso vai te ajudar a traçar data-driven e a ter um termômetro realista do seu progresso.

QUARTA FEIRA

Objetivo: Definir seu buyer persona principal

Reflita e anote as características demográficas, comportamentos, interesses e valores típicos de seu público-alvo ou buyer persona primário atualmente. Consulte dados de seus clientes existentes se necessário.

Inclua coisas como idade e sexo mais comuns, localização geográfica, cargos ou área de atuação mais frequentes, qual problema seu produto ou serviço resolve para eles e por aí vai.

Definir seu cliente ideal vai te ajudar a direcionar todas as próximas ações de uma forma muito mais assertiva, falando diretamente com eles desde já.

QUINTA FEIRA

Objetivo: Pesquisar palavras-chave relevantes

Use o Google Keyword Planner ou outras ferramentas para descobrir as principais palavras-chave e termos pesquisados pelo seu público-alvo quando querem encontrar ou comprar algo relacionado aos seus produtos ou serviços.

Faça uma lista das 20 palavras e 20 frases de busca mais relevantes e com menor disputa. Você vai precisar desses termos para aplicar em diversas frentes de SEO nos próximos dias.

SEXTA FEIRA

Objetivo: Definir proposta de venda exclusiva

Pense cuidadosamente e anote qual é a principal vantagem competitiva do seu negócio. Em outras palavras, aquela característica especial que faz você se diferenciar da sua concorrência aos olhos do consumidor.

Esse será um conceito importante para transmitir no seu conteúdo ao longo das próximas semanas e que direciona muitas das estratégias recomendadas neste livro.

## SEMANA 2 - OTIMIZAÇÃO ON SITE

SEGUNDA FEIRA

Objetivo: Configurar Google Analytics + outras integrações

Instale o código de monitoramento do Google Analytics em todas as páginas do seu site, caso ainda não tenha feito isso. Essa ferramenta é fundamental para extrair insights sobre seu tráfego. Também integre outras soluções de monitoramento, como Facebook Pixel, ferramentas de chat online e outros recursos úteis para acompanhar os visitantes e leads.

TERÇA FEIRA

Objetivo: Atualizar informações do site

Verifique se todas as informações básicas no site como telefones de contato, endereço da loja física, horários de funcionamento, páginas institucionais e outras estão corretamente preenchidas. Isso evita ruído de comunicação com seus visitantes.

QUARTA FEIRA

Objetivo: Otimizar páginas com base em SEO

Escolha pelo menos 5 páginas principais do seu site e invista algumas horas otimizando os textos nessas telas de acordo com as diretrizes de SEO. Inclua palavras-chave relevantes no título, url, primeiros parágrafos, utilize tags H1, H2 e links internos entre os conteúdos. Isso vai alavancar seu alcance orgânico.

QUINTA FEIRA

Objetivo: Construir iscas digitais / páginas de captura

Crie conteúdos gratuitos (e-books, listas, guias, planilhas) focados no seu buyer persona e com temas que tragam grande valor de acordo com suas dores e interesses. Produza páginas estratégicas para capturar os dados (nome e e-mail no mínimo) de quem fazer download desses materiais em troca. Esses leads serão importantes para muitas estratégias nos próximos dias.

SEXTA FEIRA

Objetivo: Configurar automações de marketing

Mapeie onde estão as principais lacunas e pontos fracos do seu funil de vendas online hoje e comece a desenhar fluxos de automação de marketing para resolver essas questões. Por exemplo: Disparar e-mails de follow-up para quem faça download de um ebook, alertas para carrinhos abandonados, recomendações personalizadas e etc. Existem diversas ferramentas acessíveis para montar essas jornadas automaticamente com base no comportamento das pessoas. Procure por Active Campaign, RD Station, Mailchimp, etc. Comece implementando pelo menos um fluxo esse fim de semana.

## SEMANA 3 - TRÁFEGO PAGO

SEGUNDA FEIRA

Objetivo: Definir seu budget mensal de anúncios

Determine quanto do seu faturamento atual pode reinvestir todo mês em campanhas pagas. Lembre-se que para alcançar crescimento exponencial, grandes marcas investem de 10 a 30% em média. Mas comece onde puder, o importante é sair do zero e ir otimizando. Por exemplo, R$ 300 ou R$ 500 por mês já traz bons resultados se bem investidos.

TERÇA FEIRA

Objetivo: Configurar pixel do Facebook

Instale o pixel do Facebook em seu site o quanto antes. Esse pequeno fragmento de código vai permitir rastrear conversões que aconteceram por meio das campanhas e anúncios que rodaremos nessa rede, além de possibilitar criar públicos-alvo similares para escalar cada vez mais.

QUARTA FEIRA

Objetivo: Criar sua conta do Google Ads

Crie sua conta na plataforma de anúncios do Google. Comece se familiarizando com a interface e explore opções de campanha focadas no alcance, como display ads e discovery ads. Não esqueça de baixar o Google Ads Editor para facilitar a gestão via desktop. Amanhã já lançaremos nosso primeiro anúncio por lá de fato!

QUINTA FEIRA

Objetivo: Lançar seu primeiro anúncio no Facebook / Instagram

Crie sua primeira campanha paga direcionada para atrair mais seguidores e engajamento nas redes sociais. Foque nisso inicialmente, depois vamos gerar tráfego para o seu site e trabalhar com conversões. Explore os formatos de anúncio dentro do Facebook Business Manager, começando por anúncios de respostas (call-to-action para curtidas, inscrição, etc.). Defina um budget inicial baixo, algo como R$ 15 ou $20 por dia para ir testando.

SEXTA FEIRA

Objetivo: Configurar alertas do Google

Dentro da ferramenta Google Alerts, cadastre palavras-chave relacionadas ao seu negócio e alguns erros comuns de grafia para receber um alerta toda vez que alguém publicar algo na internet falando da sua marca. Isso vai ajudar você a monitorar conversas relevantes e sua reputação online 24 horas por dia.

## SEMANA 4 - E-MAIL, RELACIONAMENTO E REPUTAÇÃO

SEGUNDA FEIRA

Objetivo: Criar página de destino padronizada

Monte uma página de "Obrigado" padrão para ser exibida após as conversões de objetivos importantes, como inscrições em listas, compras e downloads. Estruture visualmente de forma alinhada às páginas do seu site e inclua instruções para próximas etapas, como verificar e-mail de boas-vindas por exemplo.

Isso aumenta sua credibilidade e taxa de retenção desses leads recém adquiridos.

TERÇA FEIRA

Objetivo: Produzir uma série de posts úteis

Crie uma lista com no mínimo 10 ideias de postagens que você pode compartilhar nas próximas semanas, trazendo insights e soluções para dores e dúvidas comuns do seu buyer persona. Quanto mais útil e verdadeiramente relevante para a sua audiência, mais engajamento trará.

QUARTA FEIRA

Objetivo: Configurar e-mail automático de boas-vindas

Dentro da sua plataforma de e-mail marketing e automação de marketing, crie um fluxo para que todo novo contato que se inscrever em suas listas receba imediatamente um e-mail de boas-vindas automatizado. Personalize com o nome do contato, apresente melhor a sua marca e inclua um incentivo para interação.

QUINTA FEIRA

Objetivo: Ativar respostas rápidas no Facebook / Instagram

Dentro das configurações de suas páginas nas redes sociais, habilite o recurso de respostas rápidas. Assim você poderá selecionar mensagens pré-definidas para determinadas perguntas ou solicitações comuns que seu público manda, agilizando o suporte. Mas não deixe 100% automático, cultive relacionamento também respondendo de forma manual e personalizada sempre que puder.

SEXTA FEIRA

Objetivo: Pedir avaliações nas plataformas públicas

Seu negócio provavelmente já tem alguns perfis públicos de reputação, como no Google, Facebook ou plataformas de review. Hoje, ativamente peça para seus bons clientes deixarem uma avaliação 5 estrelas nesses locais. Isso ajuda muito a construir autoridade e segurança para novos clientes em potencial.

## SEMANA 5 e 6 - CONTINUIDADE COM FOCO NO LONGO PRAZO

Agora que já aplicamos diversas iniciativas fundamentais, é hora de dar continuidade e começar a pensar constantemente em novas estratégias de médio e longo prazo, sempre olhando para seus KPIs e ajustando os esforços de acordo.

Nas 2 semanas seguintes, recomendo:

- Dar seguimento às ideias de posts úteis, transformando em um calendário editorial consistente.

- Investir uma hora por dia na produção de novas páginas e conteúdo para seu site.

- Criar novas campanhas pagas com diferentes objetivos e segmentos de público.

- Entrar em grupos relevantes do Facebook e Reddit para interagir com seu buyer persona.

- Fazer testes incrementais de copy e criativos em seus anúncios online.

- Pesquisar no Google quais sites falam da sua empresa ou tem potencial para futuras parcerias.

E por aí vai. Mantenha seu plano de ação em execução contínua, sempre olhando para pequenas melhorias tanto em esforços de curto prazo quando iniciativas que só trarão resultados consistentes no médio e longo prazo.

Lembre-se de celebrar cada pequena vitória também! Tudo soma para manter você e sua equipe motivados nessa jornada de crescimento exponencial.

## SEMANA 7 - OTIMIZAÇÕES E NOVOS HORIZONTES

Chegou o momento de nossa primeira análise profunda para entendermos juntos o que funcionou ou não nesse primeiro ciclo executado nas últimas 7 semanas.

Primeiro, veja no Google Analytics, Facebook Ads Manager e outras soluções de monitoramento os resultados principais:

- Seu tráfego, vendas e leads aumentaram? Em quanto?

- Quais páginas e canais tiveram melhor performance?

- O engajamento com seu conteúdo está crescendo?

- Compare tudo com as metas que definimos na semana 1. Comemore as vitórias!

Em seguida, avalie sua presença digital de forma crítica. Algumas perguntas para te ajudar:

- Quais problemas meu público ainda enfrenta com frequência?

- Como posso melhorar ainda mais a experiência das pessoas com minha marca?

- Que novo segmento de cliente podemos explorar?

- Que parcerias estratégicas devemos começar a desenvolver?

- Como trazer inovação e nos diferenciarmos neste mercado?

Deixe novos insights e ideias para testes emergirem. E defina pelo menos três desafios de crescimento para endereçar no próximo ciclo de 90 dias que se inicia.

Você está no caminho certo. Continue assim!

## SEMANA 8 ATÉ O FIM DOS 90 DIAS - CRESCIMENTO EXPONENCIAL

Agora, meu amigo e minha amiga, você tem todas as ferramentas para colher os frutos do marketing digital e levar seu negócio a novos patamares nos próximos meses!

Siga implementando novas iniciativas, otimizando os esforços existentes e cultivando cada vez mais seu relacionamento com o público.

Os segredos para acelerar cada vez mais são: constância, disciplina e organização. Então, mantenha seu plano de ação em movimento contínuo, analisando periodicamente o que funciona ou precisa de ajustes.

Comemore cada pequena vitória e novo cliente conquistado. Evolua, inove e se adapte rapidamente às mudanças do seu segmento e do comportamento dos consumidores.

Eu acredito no seu potencial. Agora, bora continuar juntos essa caminhada para o próximo nível!

Se cuide e que seus negócios prosperem graças a tudo o que você aprendeu aqui.

Um grande abraço!

*E aí, pronto para começar sua jornada rumo ao topo do mundo digital? Lembre-se, o campo digital está sempre mudando, e estar atualizado é a chave para manter a vantagem competitiva. Se precisar de apoio nessa jornada, só chamar!*

# REGINALDO OSNILDO

Sou **Reginaldo Osnildo**, seu especialista em estratégias de comunicação e mentor na jornada rumo ao sucesso digital.

Com uma carreira enraizada na academia, como professor e pesquisador na Universidade do Sul de Santa Catarina, e uma trajetória prática como estrategista no Grupo Catarinense de Rádios, desenvolvi um conjunto único de habilidades. Meu doutorado especializado em narrativas de vendas e convergência digital, junto ao mestrado focado em storytelling e imaginário social, me permite criar estratégias que transformam negócios.

**O que eu ofereço?**

- Estratégias de comunicação personalizadas que ressoam com seu público-alvo.

- Técnicas avançadas de storytelling para fortalecer sua marca.

- Insights atualizados sobre tendências digitais para manter sua empresa à frente.

Agora, imagine sua empresa estabelecendo uma presença autêntica e poderosa no mercado, alcançando resultados que você nunca pensou serem possíveis. Eu estou aqui para tornar isso realidade.

Seu momento de agir é agora! O mundo digital não espera. Cada dia é uma nova chance para avançar, para se destacar. Está pronto para levar sua empresa ao topo? Não deixe esta oportunidade escapar.

Entre em contato e vamos juntos desbravar o caminho para o sucesso digital. Estou apenas a uma ligação ou um e-mail de distância.

Atenciosamente

**Prof. Dr. Reginaldo Osnildo**

**+55 48 991913865**

**reginaldoosnildo@gmail.com**